AF188029

Impressum
Verlag: BABADADA GmbH, Nedderfeld 112 , 22529 Hamburg
Geschäftsführer / Verlagsleitung: Harald Hof
Druck: Books on Demand GmbH, In de Tarpen 42, 22848 Norderstedt

Imprint
Publisher: BABADADA GmbH, Nedderfeld 112 , 22529 Hamburg, Germany
Managing Director / Publishing direction: Harald Hof
Print: Books on Demand GmbH, In de Tarpen 42, 22848 Norderstedt, Germany

sekolah
škola

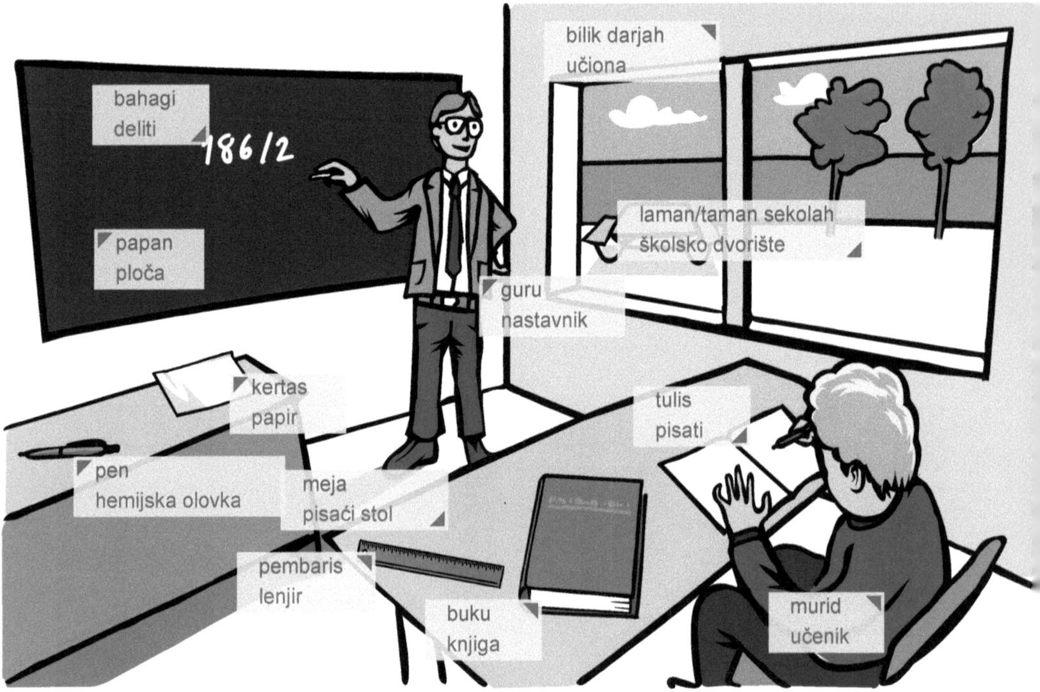
bilik darjah
učiona
bahagi
deliti
186/2
papan
ploča
laman/taman sekolah
školsko dvorište
guru
nastavnik
kertas
papir
tulis
pisati
pen
hemijska olovka
meja
pisaći stol
pembaris
lenjir
buku
knjiga
murid
učenik

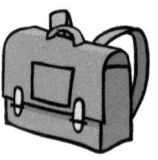

beg galas
torba

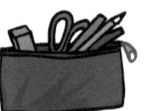

kotak pensel
pernica

pensel
grafitna olovka

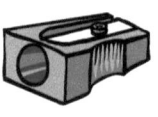

pengasah pensel
šiljilo za olovke

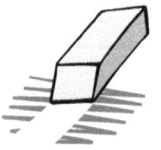

pemadam
gumica za brisanje

kertas lukisan
blok za crtanje

melukis
crtež

berus lukis
kist

kotak warna
kutija sa bojama

gunting
makaze

gam
lepilo

buku latihan
beležnica

kerja rumah
domaći zadatak

nombor
broj

2+2

tambah
sabirati

5-2

tolak
oduzimati

darab
množiti

kira
računati

huruf
slovo

ABCDEFG
HIJKLMN
OPQRSTU
VWXYZ

abjad
abeceda

kata
reč

teks
tekst

baca
čitati

kapur
kreda

pelajaran
čas

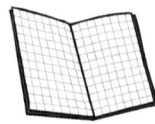

daftar
dnevnik

peperiksaan
ispit

sijil
svedočanstvo

uniform sekolah
školska uniforma

pendidikan
obrazovanje

ensiklopedia
leksikon

universiti
univerzitet

mikroskop
mikroskop

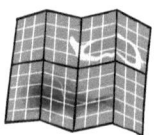

peta
karta

bakul sampah
košara za papir

berjalan
putovanje

hotel
hotel
Grand
asrama
prenoćište
ROOMS
pejabat tukaran mata wang
menjačnica
CHANGE
beg pakaian
kofer
kereta
auto

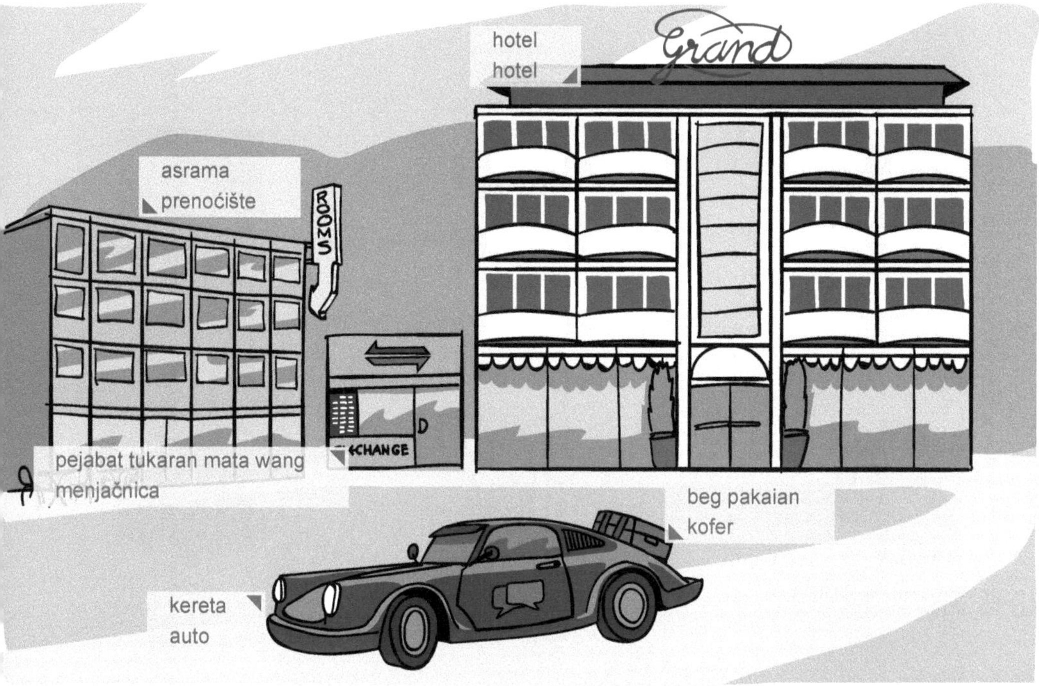

bahasa

jezik

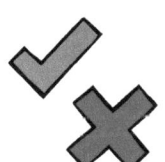

ya / tidak

da / ne

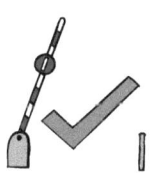

okey

okej

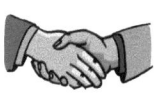

helo

zdravo

penterjemah

prevodilac

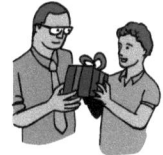

Terima kasih

hvala

berapa banyak...?

Koliko košta...?

saya tidak faham

ne razumem

masalah

problem

Selamat petang!

dobro veče!

Selamat Pagi!

Dobro jutro!

Selamat Malam!

Laku noć!

selamat tinggal

doviđenja

arah

smer

bagasi

prtljaga

beg

torba

beg galas

ruksak

tetamu

gost

bilik tidur

soba

beg tidur

vreća za spavanje

khemah

šator

maklumat pelancong

turističke informacije

pantai

plaža

kad kredit

kreditna kartica

sarapan

doručak

makan tengah hari

ručak

makan malam

večera

tiket

karta za vožnju

lif

lift

setem

poštanska markica

sempadan

granica

kastam

carina

kedutaan

ambasada

visa

viza

pasport

pasoš

pengangkutan
transport

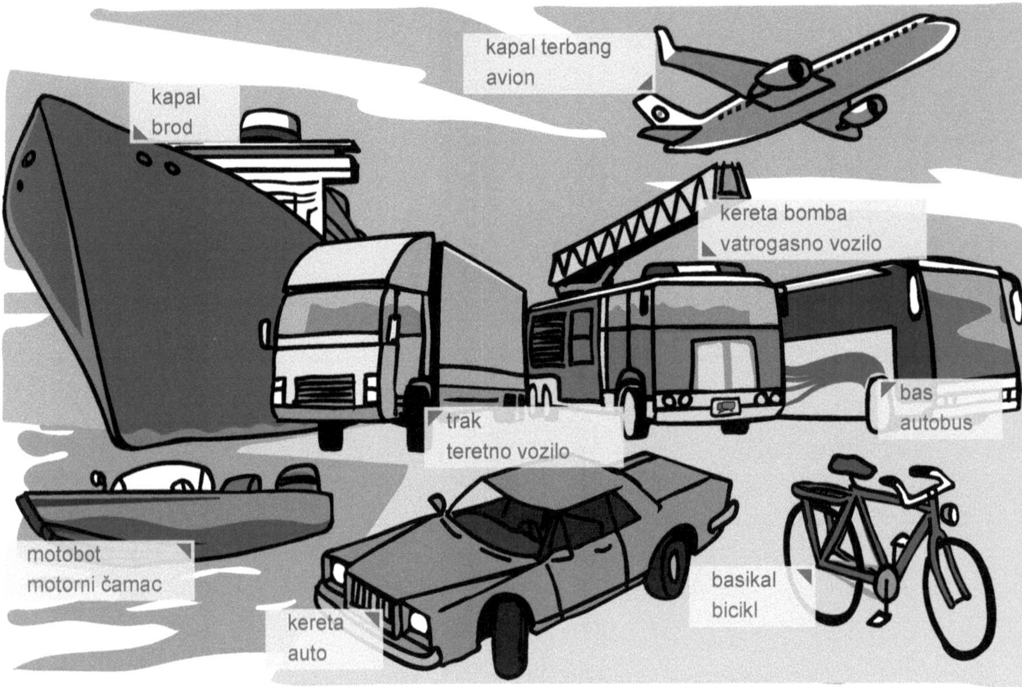

kapal terbang
avion
kapal
brod
kereta bomba
vatrogasno vozilo
trak
teretno vozilo
bas
autobus
motobot
motorni čamac
basikal
bicikl
kereta
auto

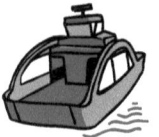

feri
trajekt

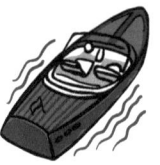

bot
čamac

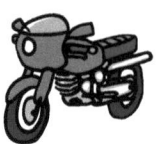

motosikal
motocikl

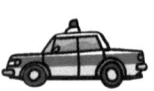

kereta polis
policijski auto

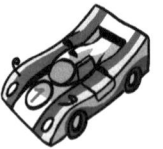

kereta lumba
trkaći auto

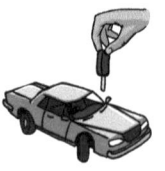

kereta sewa
iznajmljeno auto

berkongsi kereta

delenje automobila

trak tunda

vučno vozilo

trak menolak

vozilo za odvoz smeća

motor

motor

bahan api

benzin

stesen minyak

benzinska stanica

tanda trafik

saobraćajni znak

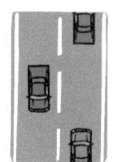

trafik

saobraćaj

kesesakan lalu lintas

zastoj

tempat parkir

parkiralište

stesen kereta api

železnička stanica

trek

šine

kereta api

voz

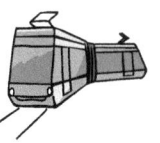

trem

tramvaj

gerabak

vagon

helikopter

helikopter

lapangan terbang

aerodrom

Menara

kula

penumpang

putnik

bekas

kontejner

kadbod

karton

kart

kolica

bakul

korpa

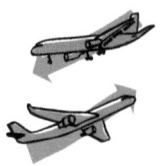

berlepas / mendarat

uzleteti / sleteti

bandar

grad

kampung

selo

pusat bandar

centar grada

rumah

kuća

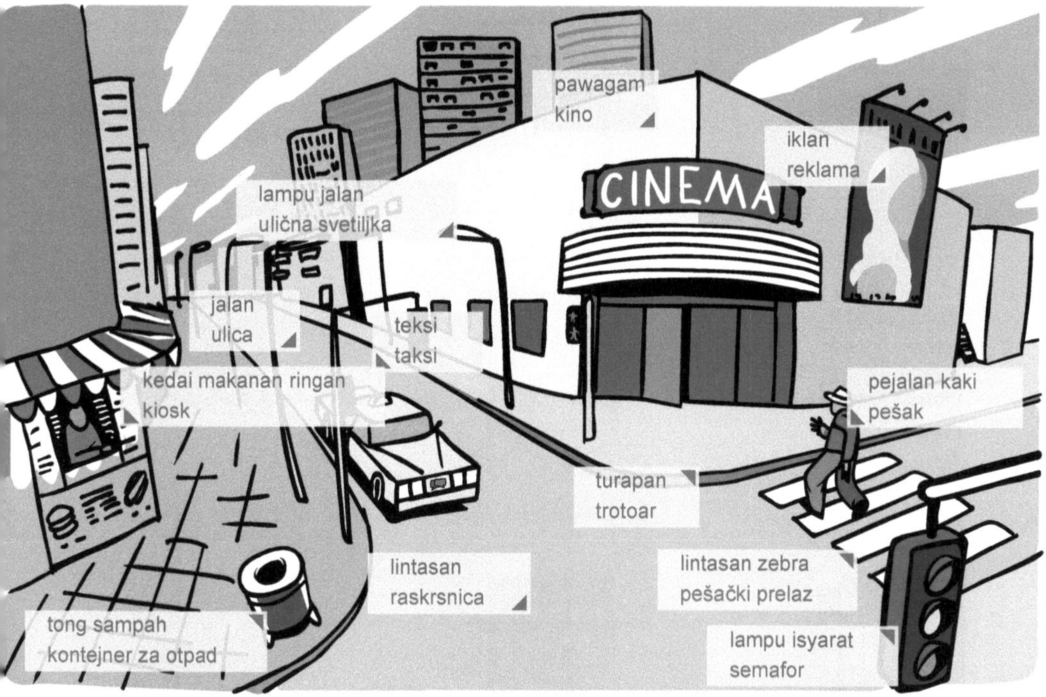

CINEMA
pawagam
kino
iklan
reklama
lampu jalan
ulična svetiljka
jalan
ulica
teksi
taksi
kedai makanan ringan
kiosk
pejalan kaki
pešak
turapan
trotoar
lintasan
raskrsnica
lintasan zebra
pešački prelaz
tong sampah
kontejner za otpad
lampu isyarat
semafor

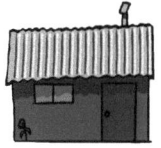

pondok
koliba

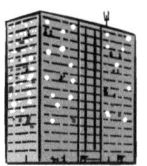

flat
stan

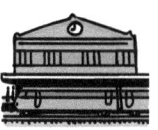

stesen kereta api
železnička stanica

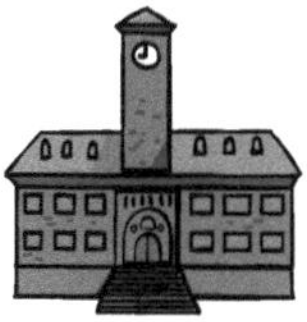

dewan bandar
većnica

MUSEUM

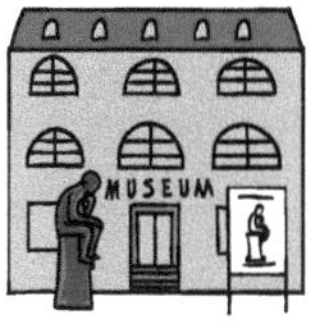

muzium
muzej

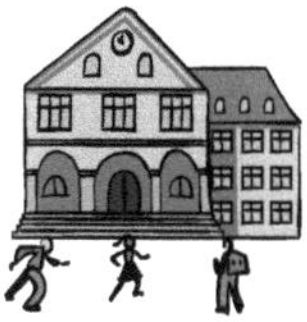

sekolah
škola

universiti

univerzitet

bank

banka

hospital

bolnica

hotel

hotel

farmasi

apoteka

pejabat

kancelarija

kedai buku

knjižara

kedai

prodavnica

kedai bunga

cvećara

pasar raya

supermarket

pasaran

trg

gedung

robna kuća

penjual ikan

ribarnica

pusat membeli-belah

trgovački centar

pelabuhan

luka

taman
park

bangku
klupa

jambatan
most

tangga
stepenice

bawah tanah
podzemna železnica

terowong
tunel

hentian bas
autobuska stanica

bar
bar

restoran
restoran

peti surat
poštansko sanduče

papan tanda jalan
ulični znak

meter parkir
parkirni automat

zoo
zoološki vrt

kolam renang
bazen

masjid
džamija

ladang

seosko gazdinstvo

pencemaran

zagađenje okoline

tanah perkuburan

groblje

gereja

crkva

taman permainan

igralište

kuil

hram

landskap
pejsaž

daun
list

tiang tanda
putokaz

jalan
put

padang rumput
livada

batu
kamen

pokok
drvo

pejalan kaki
šetač

sungai
reka

rumput
trava

bunga
cvijet

lembah
dolina

bukit
planina

tasik
jezero

hutan
šuma

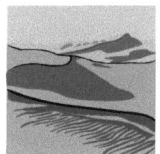

padang pasir
pustinja

gunung berapi
vulkan

istana
dvorac

pelangi
duga

cendawan
gljiva

pokok kelapa sawit
palma

nyamuk
moskito

terbang
muva

semut
mrav

lebah
pčela

labah-labah
pauk

kumbang

buba

katak

žaba

tupai

veverica

landak

jež

arnab

zec

burung hantu

sova

burung

ptica

angsa

labud

babi jantan

divlja svinja

rusa

jelen

moose

los

empangan

nasip

turbin angin

vetrenjača

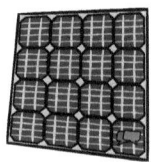

panel solar

solarna ploča

iklim

klima

restoran
restoran

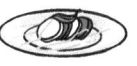

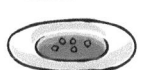

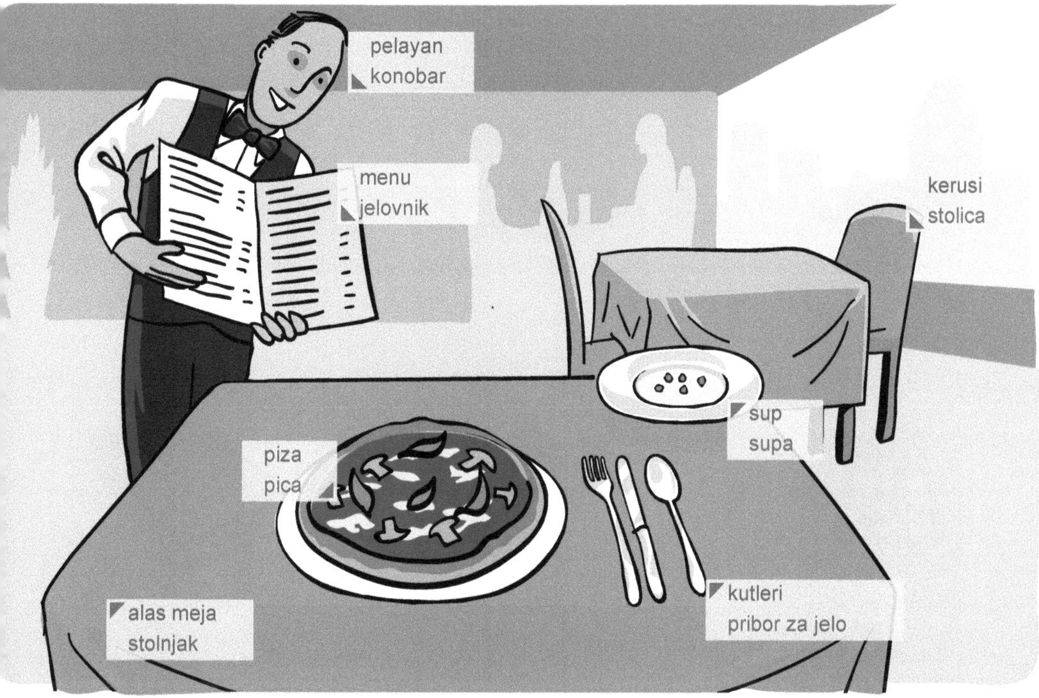

pelayan
konobar
menu
jelovnik
kerusi
stolica
sup
supa
piza
pica
kutleri
pribor za jelo
alas meja
stolnjak

pemula

predjelo

hidangan utama

glavno jelo

pencuci mulut

desert

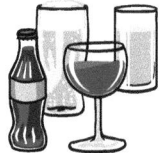

minuman

napitci

makanan

jelo

botol

flaša

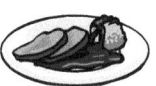

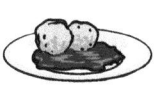

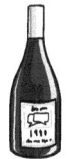

makanan segera
brza hrana

makanan jalanan
imbis hrana

teko
čajnik

mangkuk gula
doza za šećer

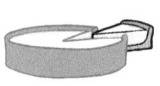

bahagian
porcija

mesin espreso
aparat za espresso

kerusi tinggi
visoka stolica

bil
račun

dulang
poslužavnik

pisau
nož

garfu
viljuška

sudu
kašika

sudu teh
čajna kašika

serviette
salveta

gelas
čaša

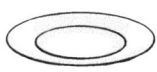

pinggan

tanjir

mangkuk sup

tanjir za supu

piring

tanjirić

sos

sos

tempat garam

soljenka

pengisar lada

mlin za biber

cuka

sirće

minyak

ulje

rempah

začini

sos

kečap

mustard

senf

mayones

majoneza

pasar raya
supermarket

tawaran istimewa
ponuda
FOR
pelanggan
kupac
tenusu
mlečni proizvodi
buah-buahan
voće
troli
kolica za kupovinu

BUTCHERS

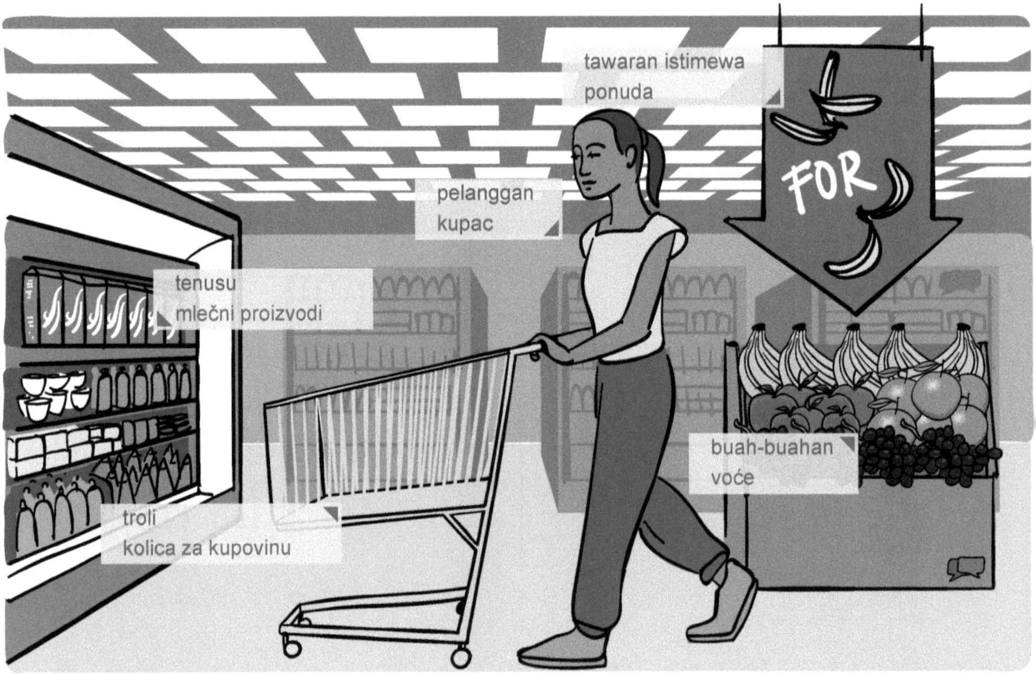

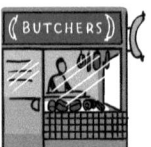

tukang daging

mesnica

BAKERY

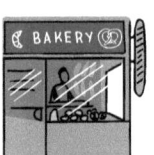

kedai roti

pekara

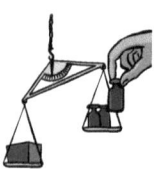

berat

vagati

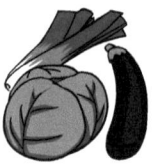

sayur-sayuran

povrće

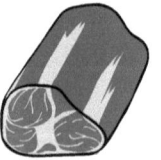

daging

meso

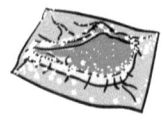

makanan sejuk beku

smrznuta hrana

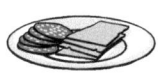

daging sejuk

narezak

makanan dalam tin

konzerve

serbuk pencuci

sredstvo za pranje

gula-gula

slatkiši

produk isi rumah

artikli za domaćinstvo

produk pembersihan

sredstva za čišćenje

orang jualan

prodavačica

daftar tunai

blagajna

juruwang

blagajnik

senarai membeli-belah

lista za kupovinu

waktu pembukaan

vreme rada

beg duit

novčanik

kad kredit

kreditna kartica

beg

torba

beg plastik

plastična kesa

air

voda

jus

sok

susu

mleko

kola

kola

wain

vino

bir

pivo

alkohol

alkohol

koko

kakao

the

čaj

kopi

kava

espreso

espresso

kapucino

cappuccino

pisang

banana

epal

jabuka

oren

narandža

tembikai

lubenica

lemon

limun

lobak merah

šargarepa

bawang putih

beli luk

buluh

bambus

bawang

luk

cendawan

gljiva

kacang

orašasti plodovi

mi

rezanci

spageti
....
špagete

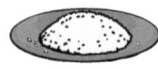

nasi
....
riža

salad
....
salata

kerepek
....
pomfrit

kentang goreng
....
pečeni krumpir

piza
....
pica

hamburger
....
hamburger

sandwic
....
sendvič

kutlet
....
šnicla

ham
....
šunka

salami
....
salama

sosej
....
kobasica

ayam
....
kokoš

panggang
....
pečenje

ikan
....
riba

bubur oat

zobene pahuljice

muesli

musli

emping jagung

kukuruzne pahuljice

tepung

brašno

kroisan

kroasan

roti roll

pecivo

roti

hleb

roti bakar

toast

biskut

keksi

mentega

maslac

dadih

sveži sir

kek

kolač

telur

jaje

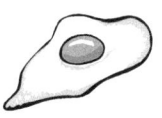

telur goreng

jaje na oko

keju

sir

ais krim

sladoled

gula

šećer

madu

med

jem

marmelada

krim nougat

nugat krema

kari

kari

makanan - jelo

ladang
seosko gazdinstvo

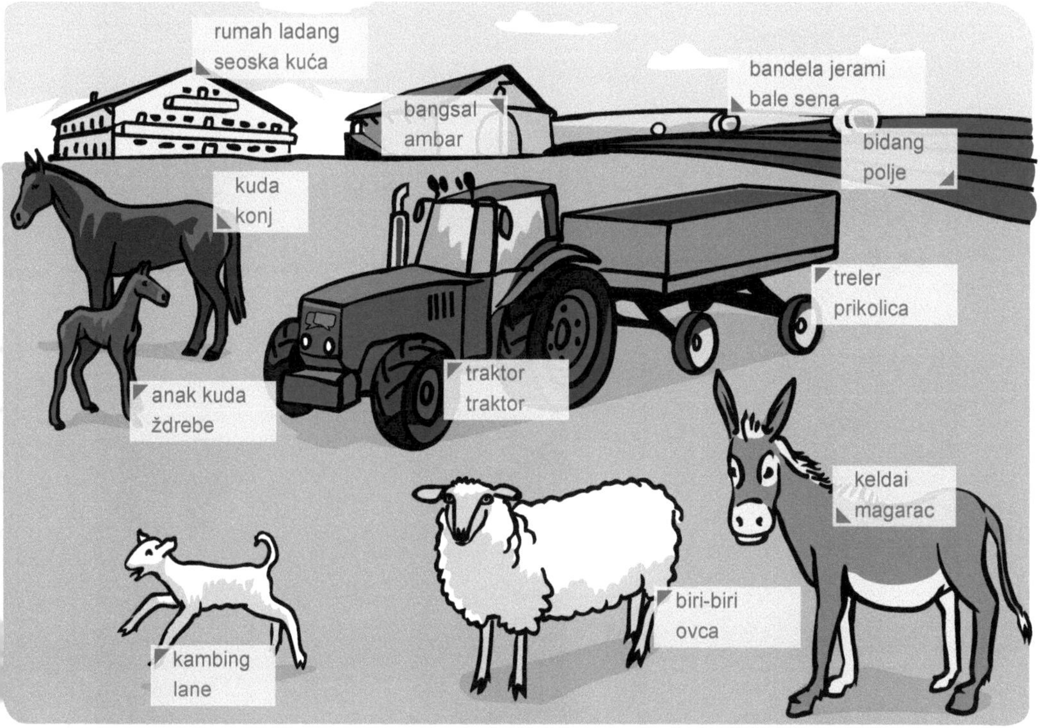
rumah ladang
seoska kuća
bandela jerami
bale sena
bangsal
ambar
bidang
polje
kuda
konj
treler
prikolica
traktor
traktor
anak kuda
ždrebe
keldai
magarac
biri-biri
ovca
kambing
lane

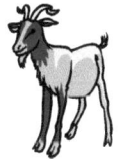

kambing

koza

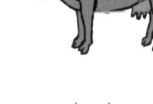

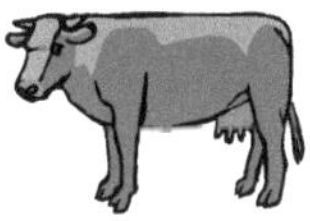

lembu

krava

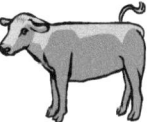

anak lembu

tele

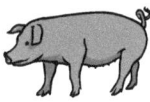

babi

svinja

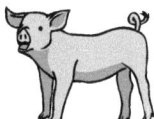

anak babi

prase

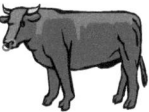

lembu

bik

angsa

guska

itik

patka

anak ayam

pilići

ayam betina

kokoš

ayam jantan muda

petao

tikus

pacov

kucing

mačka

tikus

miš

lembu jantan

vol

anjing

pas

rumah anjing

kućica za psa

hos taman

vrtno crevo

bekas siraman

kanta za polivanje

sabit

kosa

bajak

plug

sabit

srp

cangkul

motika

serampang peladang

viljuška za đubrivo

kapak

sekira

kereta sorong

tačke

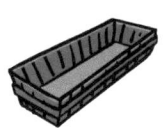

palung

korito

tin susu

posuda za mleko

karung

vreća

pagar

ograda

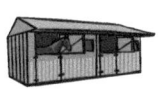

stabil

štala

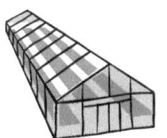

rumah hijau

staklenik

tanah

zemlja

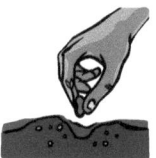

benih

seme

baja

đubrivo

jentuai

kombajn

tuai

žeti

menuai

žetva

keladi

jams začin

gandum

pšenica

soya

soja

kentang

krumpir

jagung

kukuruz

biji sawi

uljana repica

pokok buah-buahan

voćka

ubi kayu

gomolj manioke

bijirin

žitarice

rumah
kuća

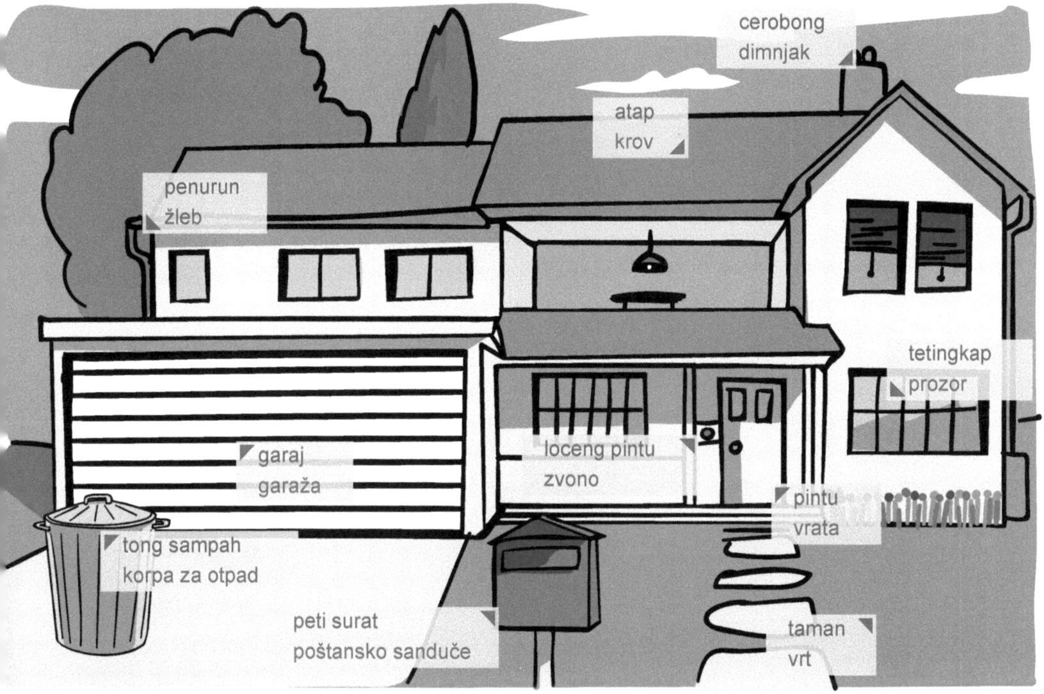

cerobong
dimnjak
atap
krov
penurun
žleb
tetingkap
prozor
loceng pintu
zvono
garaj
garaža
pintu
vrata
tong sampah
korpa za otpad
peti surat
poštansko sanduče
taman
vrt

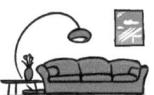

ruang tamu

dnevna soba

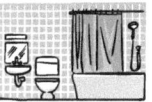

bilik air

kupaonica

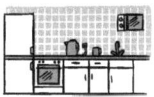

dapur

kuhinja

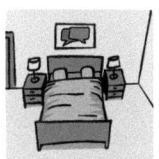

bilik tidur

spavaća soba

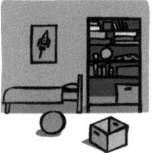

bilik kanak-kanak

dečija soba

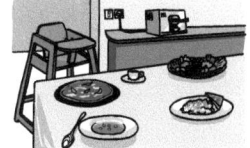

ruang makan

trpezarija

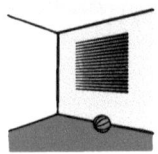

lantai

pod

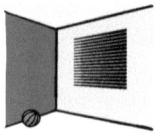

dinding

zid

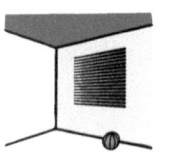

siling

strop

bilik bawah tanah

podrum

sauna

sauna

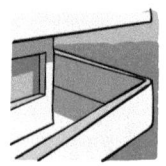

balkoni

balkon

teres

terasa

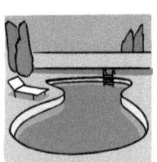

kolam renang

bazen

pemotong rumput

kosilica za travu

lembaran

posteljina za krevet

penutup tilam

deka za krevet

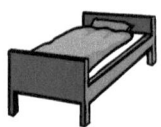

katil

krevet

penyapu

metla

timba

kanta

suis

prekidač

rumah - kuća

ruang tamu
dnevna soba

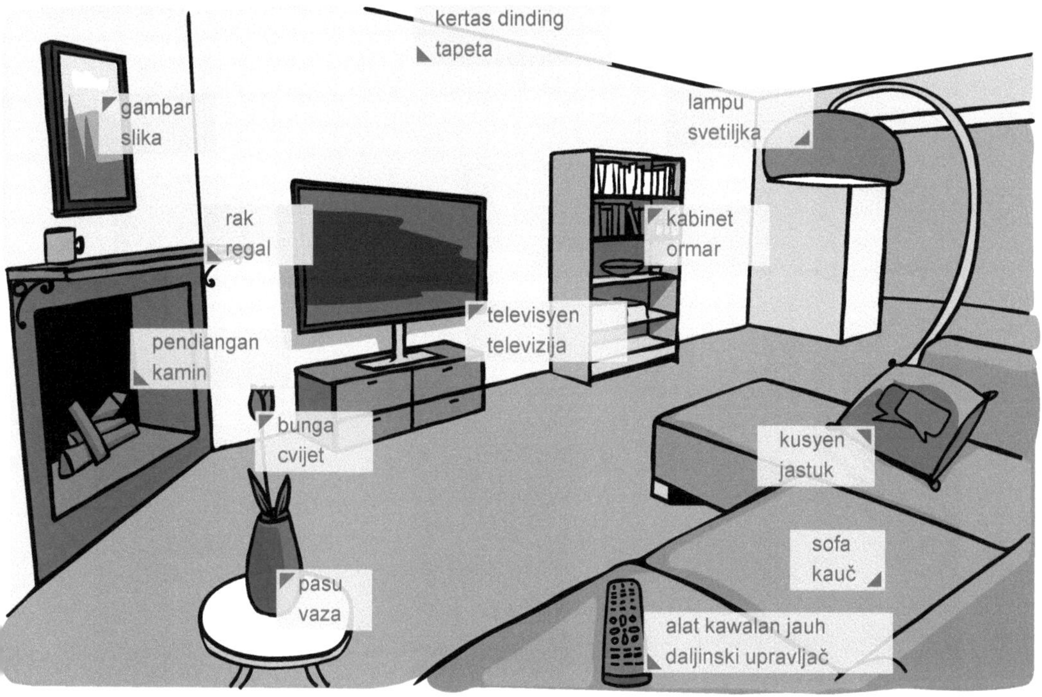

kertas dinding
tapeta
gambar
slika
lampu
svetiljka
rak
regal
kabinet
ormar
televisyen
televizija
pendiangan
kamin
bunga
cvijet
kusyen
jastuk
sofa
kauč
pasu
vaza
alat kawalan jauh
daljinski upravljač

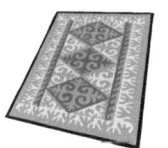

permaidani

tepih

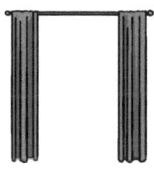

tirai

zavesa

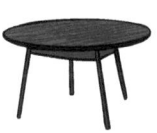

meja

sto

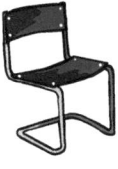

kerusi

stolica

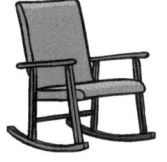

kerusi malas

stolica za njihanje

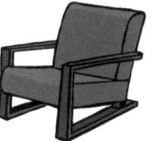

kerusi

fotelja

buku
knjiga

selimut
deka

hiasan
dekoracija

kayu api
drvo za ogrev

filem
film

hi-fi
hi-fi uređaj

kunci
ključ

akhbar
novine

lukisan
slika na platnu

poster
poster

radio
radio

buku catatan
blok za pisanje

penyedut habuk
usisivač

kaktus
kaktus

lilin
sveća

dapur
kuhinja

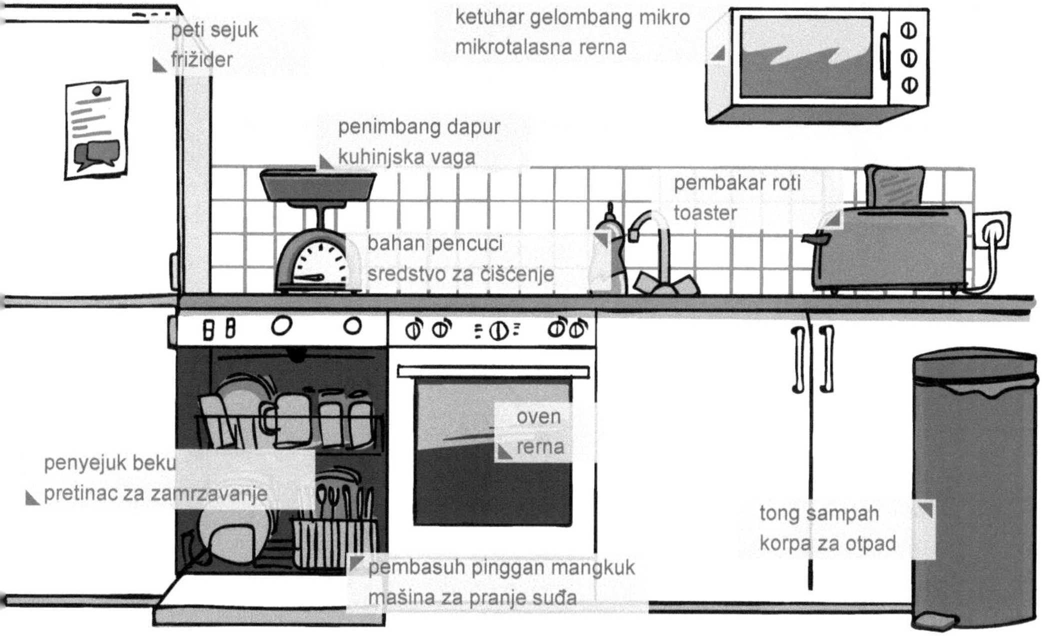
peti sejuk
frižider
ketuhar gelombang mikro
mikrotalasna rerna
penimbang dapur
kuhinjska vaga
pembakar roti
toaster
bahan pencuci
sredstvo za čišćenje
oven
rerna
penyejuk beku
pretinac za zamrzavanje
tong sampah
korpa za otpad
pembasuh pinggan mangkuk
mašina za pranje suđa

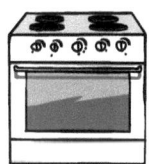

periuk dapur

šporet

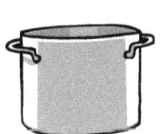

periuk

lonac

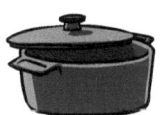

periuk besi

gvozdeni lonac

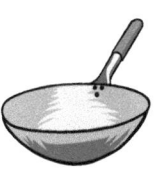

kuali

wok / kadai

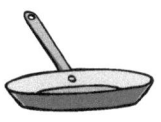

pan

tava

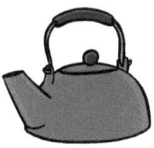

cerek

kuvalo za vodu

pengukus

kuvalo na paru

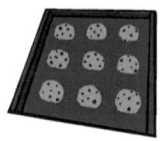

dulang pembakar

lim za pečenje

pinggan mangkuk

posuđe

koleh

čaša

mangkuk

posuda

penyepit

štapići za jelo

senduk

kutlača

spatula

lopatica

pengadun

penjača

penapis

sito za kuvanje

ayak

sito

pemarut

ribež

mortar

mužar

barbeku

roštilj

pembakaran terbuka

ognjište

papan pencincang

daska

pin golekan

oklagija

skru gabus

vadičep

tin

konzerva

pembuka tin

otvarač konzervi

pemegang periuk

krpa za lonac

sinki

sudoper

berus

četka

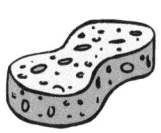

span

sunđer

pengisar

mikser

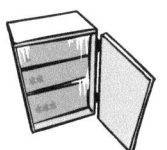

penyejuk beku

zamrzivač

botol bayi

flašica za bebe

paip

slavina za vodu

bilik air
kupaonica

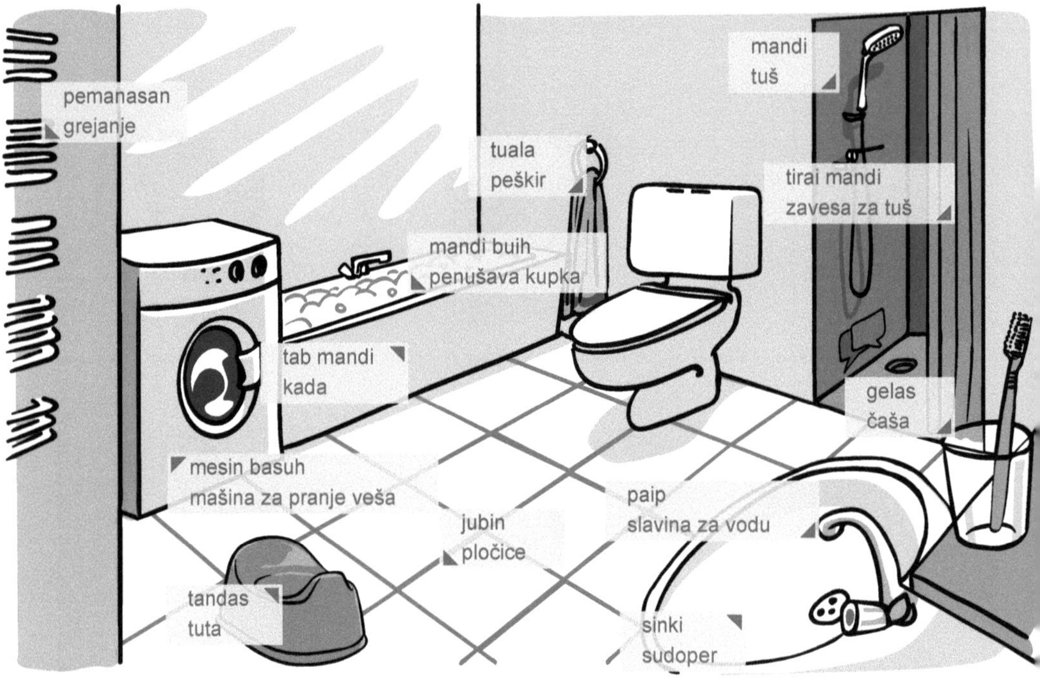

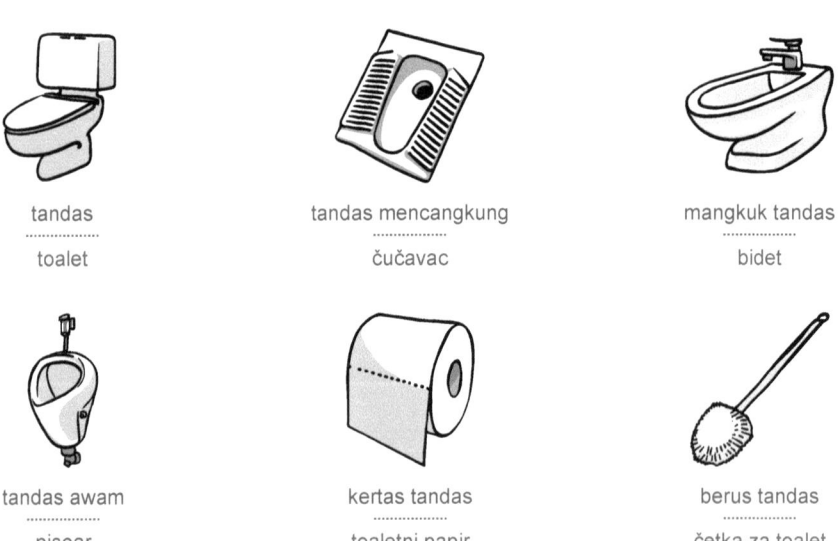

pemanasan
grejanje
mandi
tuš
tuala
peškir
tirai mandi
zavesa za tuš
mandi buih
penušava kupka
tab mandi
kada
gelas
čaša
mesin basuh
mašina za pranje veša
paip
slavina za vodu
jubin
pločice
tandas
tuta
sinki
sudoper

tandas
toalet

tandas mencangkung
čučavac

mangkuk tandas
bidet

tandas awam
pisoar

kertas tandas
toaletni papir

berus tandas
četka za toalet

berus gigi

četkica za zube

ubat gigi

pasta za zube

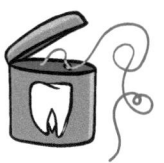

flos gigi

konac za zube

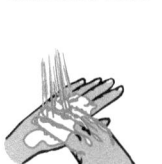

cuci

prati

mandian tangan

tuš ručica

pancuran

tuš za pranje intimnih delova

besen

lavor

belakang berus

četka za pranje leđa

sabun

sapun

gel mandian

gel za tuširanje

syampu

šampon

flanel

krpa za pranje

longkang

odvod

krim

krema

deodoran

dezodorans

cermin

ogledalo

cermin tangan

kozmetičko ogledalo

pisau cukur

brijač

busa cukur

pena za brijanje

selepas cukur

losion za posle brijanja

sikat

češalj

berus

četka

pengering rambut

fen za kosu

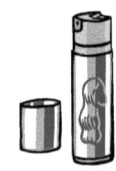

semburan rambut

sprej za kosu

mekap

makeup

gincu

ruž za usne

varnis kuku

lak za nokte

bulu kapas

vata

gunting kuku

makaze za nokte

pewangi

parfem

beg basuhan

kozmetička torbica

bangku

stolica

skala berat

vaga

jubah mandi

ogrtač

sarung tangan getah

rukavice za čišćenje

kapas

tampon

tuala wanita

uložak

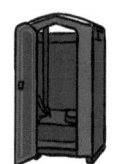

tandas kimia

hemijski toalet

bilik kanak-kanak
dečija soba

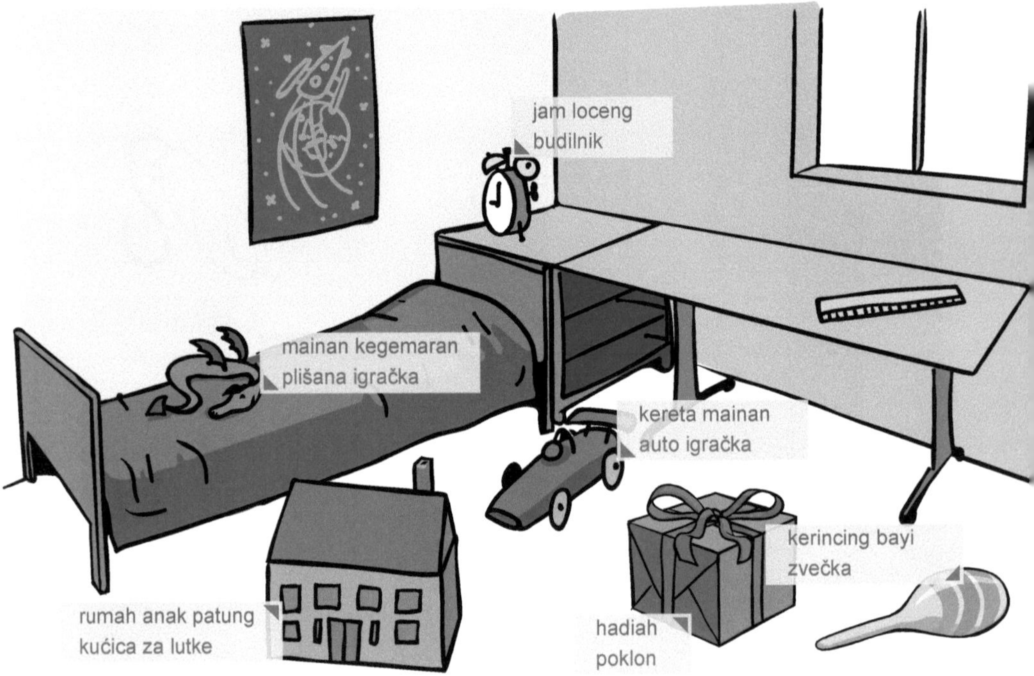

jam loceng
budilnik
mainan kegemaran
plišana igračka
kereta mainan
auto igračka
kerincing bayi
zvečka
rumah anak patung
kućica za lutke
hadiah
poklon

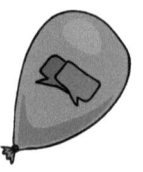

belon
balon

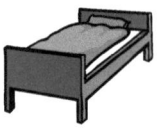

katil
krevet

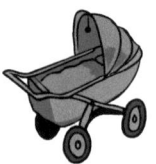

kereta sorong bayi
dječija kolica

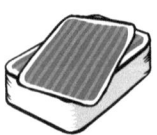

set kad
igra s kartama

susun suai gambar
slagalica

SUPER
MEGA

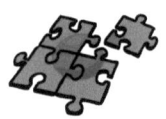

komik
strip

batu bata lego

lego kockice

blok mainan

kockice za slaganje

figura aksi

akcioni junak

baju bayi

benkica za bebe

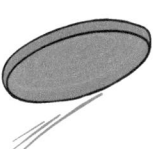

frisbee

frizbi

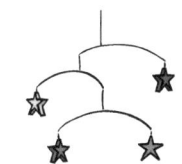

mainan bayi mudah alih

viseće igračke

permainan papan

društvene igre

dadu

kocka

set model kereta api

minijaturna željeznica

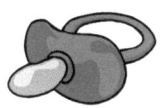

palsu

duda

parti

zabava

buku bergambar

slikovnica

bola

lopta

anak patung

lutka

main

igrati

lubang pasir

pješčanik

buai

ljuljačka

mainan

igračka

konsol permainan video

konzola za igre

basikal roda tiga

tricikl

anak patung beruang

tedi

almari pakaian

ormar

pakaian

odeća

stoking

kratke čarape

stoking

čarape

ketat

hulahopke

skarf
šal

g/keselamatan

payung
kišobran

kemeja-t
majica

but
čizme

selipar
papuče

kasut sukan
patike

sandal	kasut	but getah
sandale	cipele	gumene čizme

seluar dalam	coli	ves
gaćice	grudnjak	potkošulja

badan
bodi

Seluar panjang
pantalone

jean
farmerke

skirt
suknja

blaus
bluza

kemeja
košulja

baju panas sarung
džemper

sweater
džemper s kapuljačom

blazer
sako

jaket
jakna

kot
kaput

baju hujan
kabanica

kostum
kostim

pakaian
haljina

baju pengantin
venčanica

pakaian - odeća

sut
odelo

baju tidur
spavaćica

baju tidur
pidžama

sari
sari

skarf kepala
marama za glavu

serban
turban

burqa
burka

kaftan
kaftan

abaya/jubah
abaja

baju renang
kupaći kostim

seluar renang
kupaće gaćice

seluar pendek
kratke pantalone

sut balapan
odeća za trening

apron
kecelja

sarung tangan
rukavice

butang

dugme

cermin mata

naočare

gelang tangan

narukvica

rantai leher

ogrlica

cincin

prsten

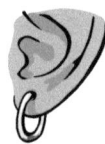

subang

naušnica

topi

kapa

penyangkut kot

vešalica

topi

šešir

tali leher

kravata

zip

patent zatvarač

topi keledar

kaciga

pendakap

naramenice

uniform sekolah

školska uniforma

seragam

uniforma

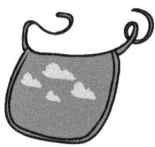

lapik dada

podbradak

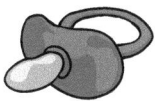

palsu

duda

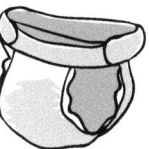

lampin

pelena

pejabat
kancelarija

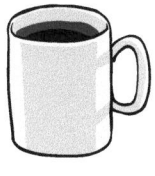

pelayan
server
kabinet fail
ormar za spise
mesin pencetak
štampač
kertas
papir
monitor
monitor
tetikus
miš
meja
pisaći stol
folder
mapa
papan kekunci
tastatura
bakul sampah
košara za papir
komputer
kompjuter
kerusi
stolica

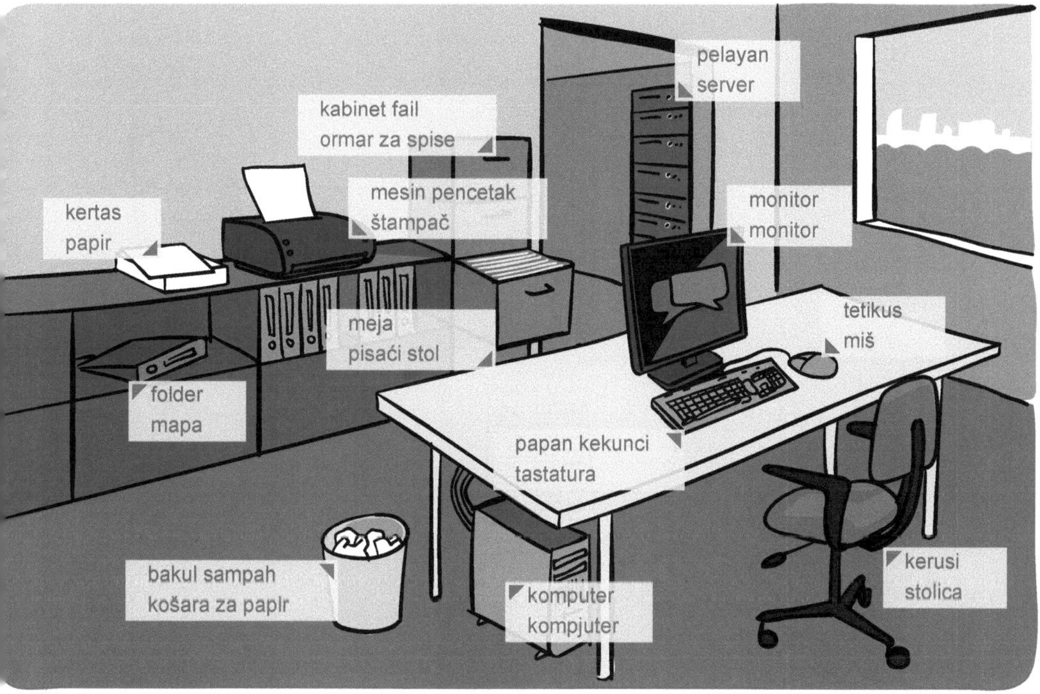

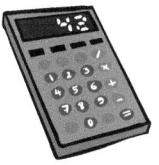

cawan kopi

šalica za kavu

kalkulator

kalkulator

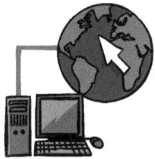

internet

internet

komputer riba

laptop

surat

pismo

mesej

poruka

mudah alih

mobilni telefon

rangkaian

mreža

mesin fotokopi

uređaj za kopiranje

perisian

softver

telefon

telefon

soket plag

utičnica

mesin faks

faks

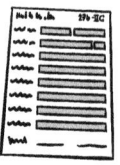

bentuk

formular

dokumen

dokument

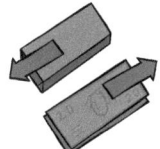

beli
kupovati

bayar
platiti

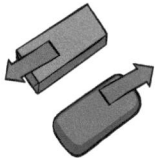

berdagang
trgovati

wang
novac

dolar
dolar

euro
evro

yen
jen

rubel
rublja

franc swiss
švajcarski franak

renminbi yuan
renmindbi juan

rupee
rupija

mata tunai
automat za novac

pejabat tukaran mata wang

menjačnica

emas

zlato

perak

srebro

minyak

nafta

tenaga

energija

harga

cena

kontrak

ugovor

cukai

porez

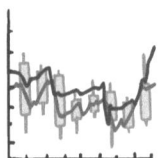

stok

deonica

kerja

raditi

pekerja

službenik

majikan

poslodavac

kilang

fabrika

kedai

prodavnica

pekerjaan
zanimanja

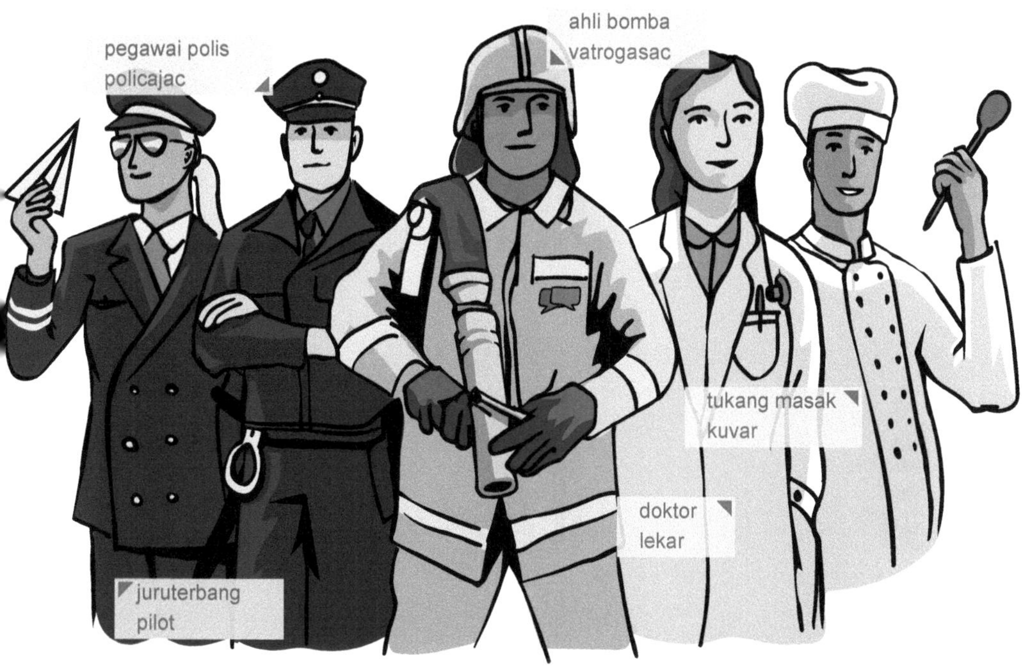
pegawai polis
policajac
ahli bomba
vatrogasac
tukang masak
kuvar
doktor
lekar
juruterbang
pilot

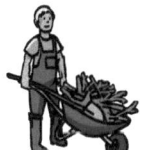

tukang kebun
vrtlar

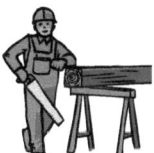

tukang kayu
stolar

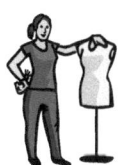

tukang jahit
krojačica

hakim
sudija

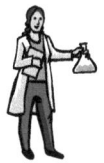

ahli kimia
hemičar

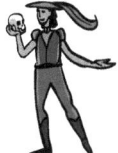

pelakon
glumac

pemandu bas

vozač autobusa

pemandu teksi

vozač taksija

nelayan

ribar

wanita pencuci

čistačica

kasau

krovopokrivač

pelayan

konobar

pemburu

lovac

pelukis

slikar

bakeri

pekar

juruelektrik

električar

pembangun

građevinski radnik

jurutera

inženjer

penjual daging

mesar

tukang paip

limar

posmen

poštar

askar
vojnik

arkitek
arhitekta

juruwang
blagajnik

kedai bunga
cvećar

pendandan rambut
frizer

konduktor
kondukter

mekanik
mehaničar

kapten
kapetan

doktor gigi
zubar

ahli sains
naučnik

tuhanku
rabi

imam
imam

sami
monah

paderi
svećenik

alat
alati

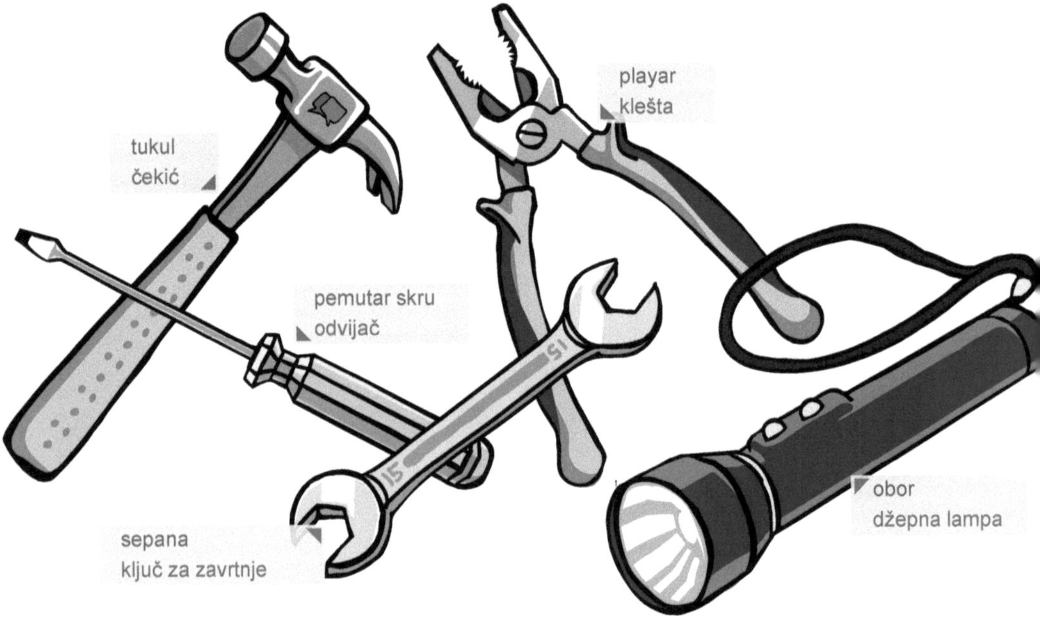

playar
klešta
tukul
čekić
pemutar skru
odvijač
obor
džepna lampa
sepana
ključ za zavrtnje

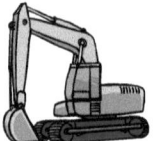

pengorek

bager

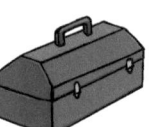

kotak peralatan

kutija za alat

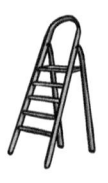

tangga

merdevine

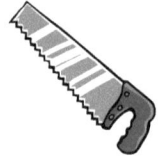

gergaji

pila

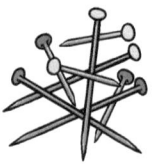

kuku

ekser

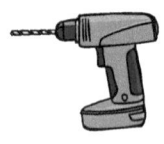

gerudi

bušilica

baiki

popraviti

penyodok

lopata

Celaka!

do đavola!

penadah sampah

lopatica

periuk cat

lonac za boju

skru

zavrtanji

alat muzik

muzički instrument

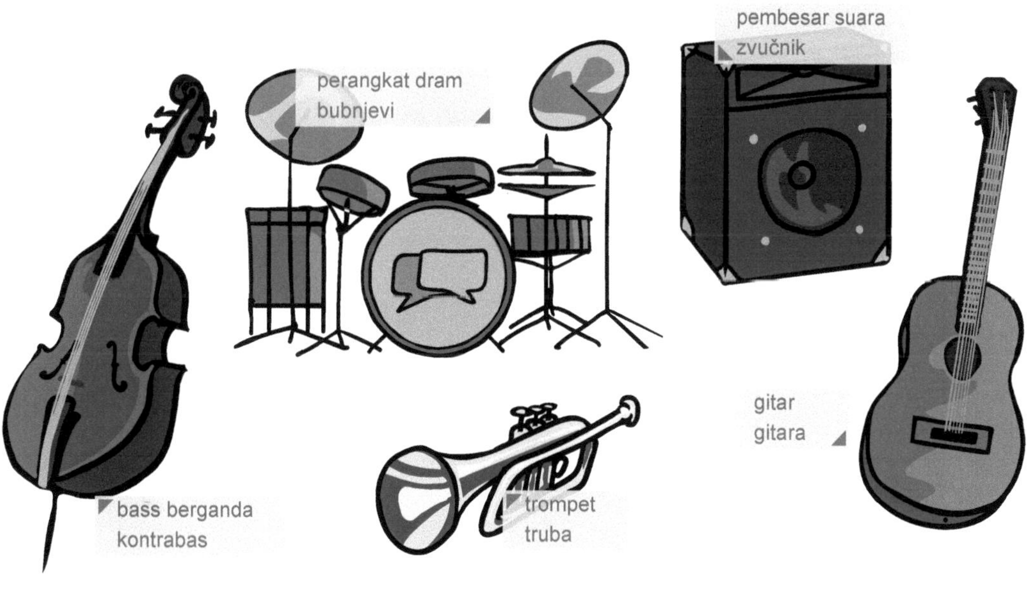

pembesar suara
zvučnik

perangkat dram
bubnjevi

gitar
gitara

bass berganda
kontrabas

trompet
truba

piano

klavir

biola

violina

bass

bas

timpani

timpani

dram

udaraljke za bubnjeve

papan kekunci

tipke klavira

saksofon

saksofon

seruling

flauta

mikrofon

mikrofon

zoo

zoološki vrt

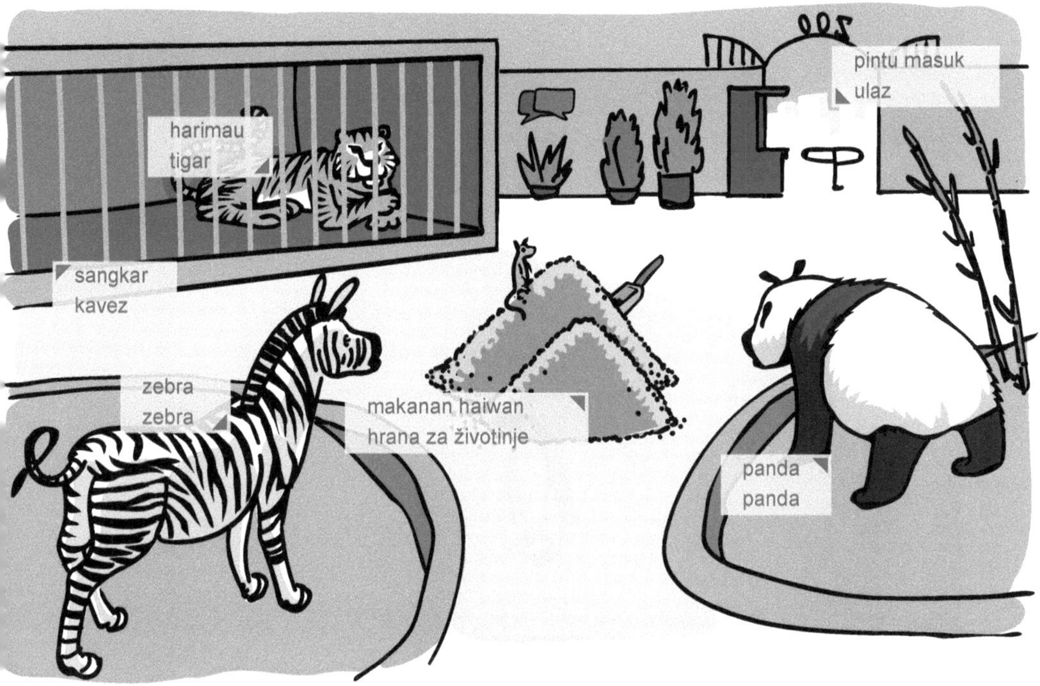

harimau
tigar
pintu masuk
ulaz
sangkar
kavez
zebra
zebra
makanan haiwan
hrana za životinje
panda
panda

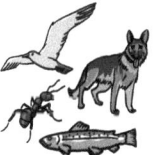

haiwan

životinje

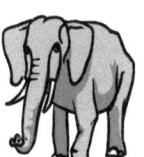

gajah

slon

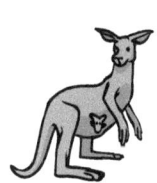

kanggaru

kengur

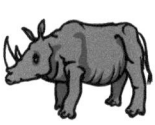

badak sumbu

nosorog

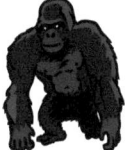

gorila

gorila

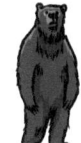

beruang

medved

unta

kamila

burung unta

noj

singa

lav

monyet

majmun

flamingo

flamingo

nuri

papagaj

beruang kutub

polarni medved

penguin

pingvin

yu

ajkula

merak

paun

ular

zmija

buaya

krokodil

penjaga zoo

čuvar u zoološkom vrtu

anjing laut

tuljan

jaguar

jaguar

zoo - zoološki vrt

kuda
....
poni

harimau
....
leopard

badak air
....
nilski konj

zirafah
....
žirafa

helang
....
orao

babi jantan
....
divlja svinja

ikan
....
riba

penyu
....
kornjača

anjing laut
....
morž

musang
....
lisica

rusa
....
gazela

bola sepak Amerika
američki nogomet

berbasikal
biciklizam

tenis
tenis

bola keranjang
košarka

renang
plivanje

tinju
boks

hoki ais
hokej na ledu

bola sepak
fudbal

badminton
badminton

olahraga
atletika

bola baling
rukomet

ski
skijanje

polo
polo

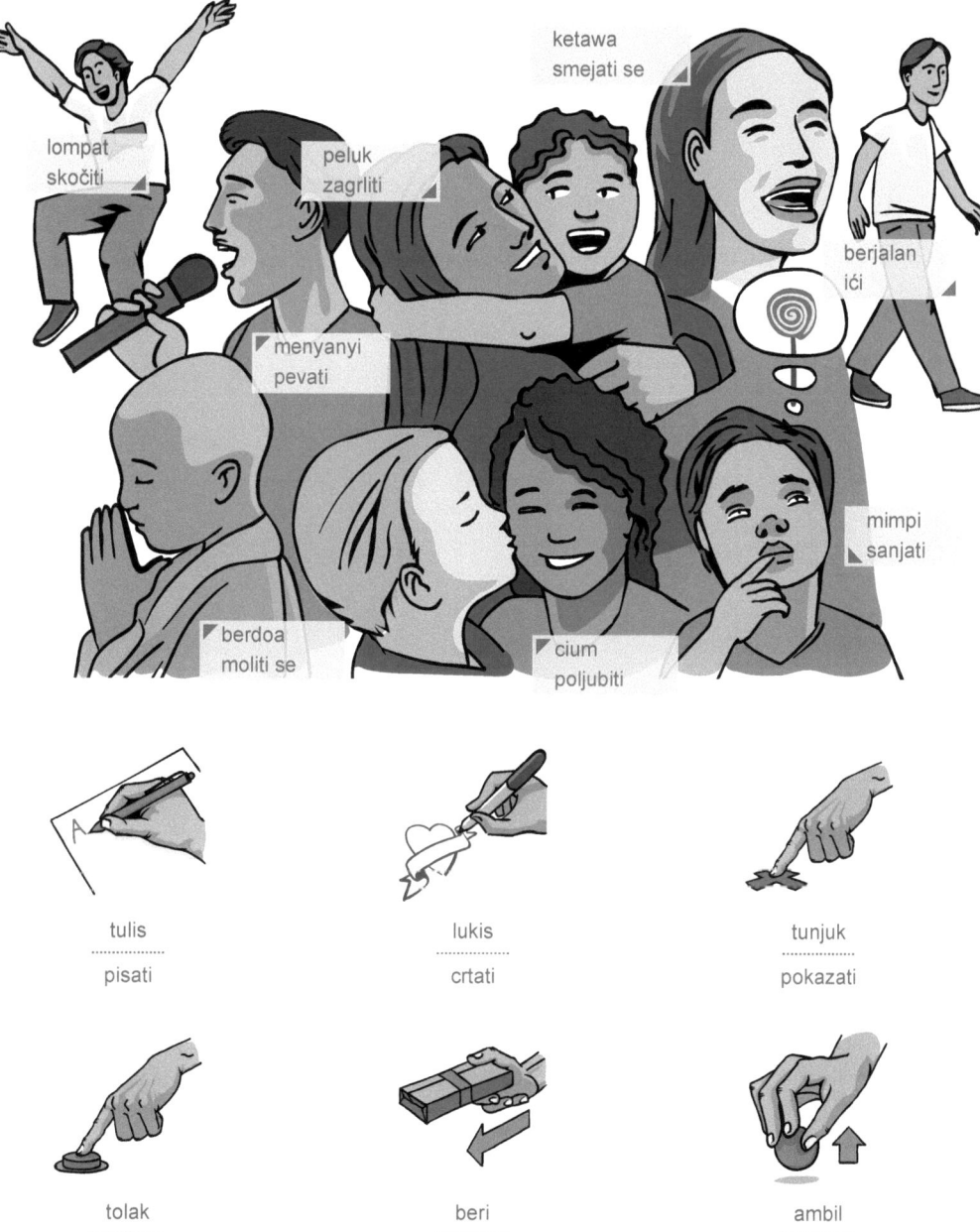

lompat
skočiti

peluk
zagrliti

ketawa
smejati se

berjalan
ići

menyanyi
pevati

mimpi
sanjati

berdoa
moliti se

cium
poljubiti

tulis
....
pisati

lukis
....
crtati

tunjuk
....
pokazati

tolak
....
gurati

beri
....
dati

ambil
....
uzeti

aktiviti - aktivnosti

63

ada
imati

buat
činiti

ialah
biti

berdiri
stojati

lari
trčati

tarik
povlačiti

buang
baciti

jatuh
padati

tipu
ležati

tunggu
čekati

bawa
nositi

duduk
sediti

pakai
oblačiti

tidur
spavati

bangkit
probuditi se

lihat pada	menangis	strok
gledati	plakati	milovati

sikat	cakap	faham
češljati	govoriti	razumeti

tanya	dengar	minum
pitati	slušati	piti

makan	mengemas	sayang
jesti	pospremiti	voleti

masak	pandu	terbang
kuhati	voziti	leteti

belayar

ploviti

kira

računati

baca

čitati

belajar

učiti

kerja

raditi

nikah

venčati se

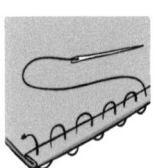

jahit

šiti

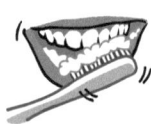

memberus gigi

prati zube

bunuh

ubiti

asap

pušiti

hantar

poslati

nenek
baka

datuk
deda

bapa
otac

ibu
majka

bayi
beba

anak perempuan
kćerka

anak lelaki
sin

tetamu
gost

mak cik
tetka

pak cik
ujak, stric

abang
brat

kakak
sestra

badan

telo

dahi
čelo
mata
oko
bahu
rame
jari
prst
muka
lice
dagu
brada
tangan
ruka
kaki
noga
dada
grudi
lengan
ruka

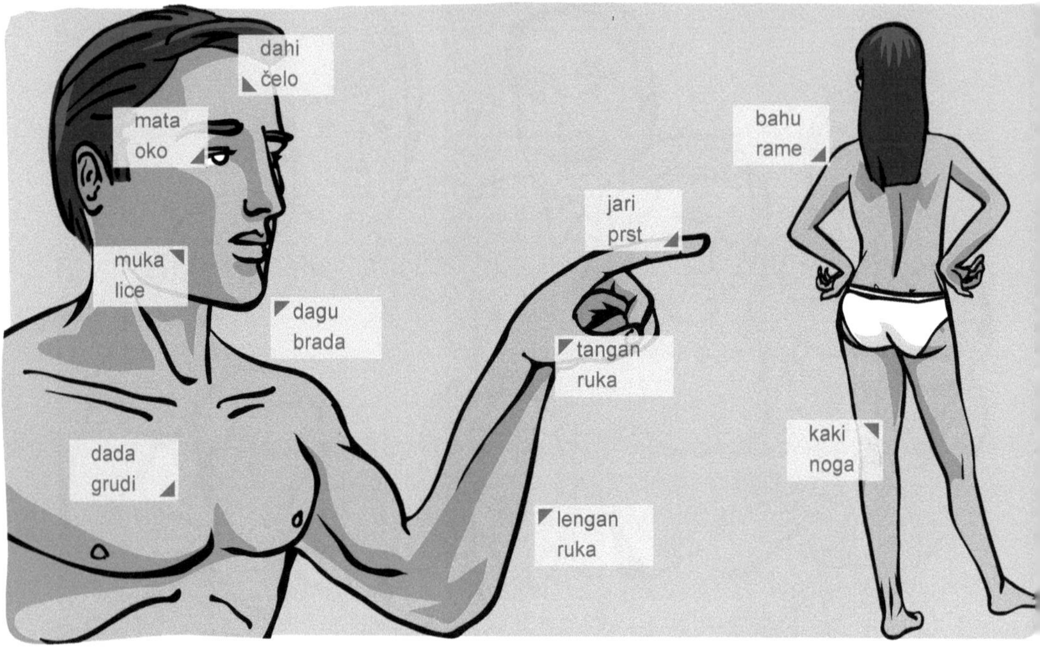

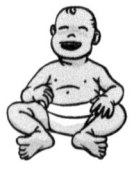

bayi

beba

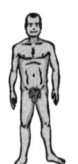

lelaki

muškarac

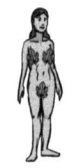

wanita

žena

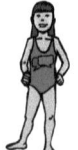

perempuan

devojčica

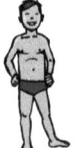

lelaki

dečak

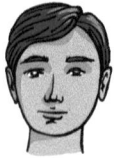

kepala

glava

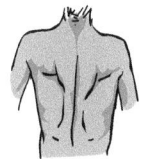

belakang

leđa

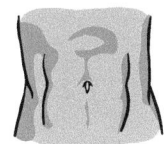

bawah perut

stomak

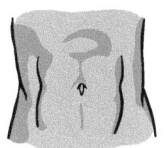

pusat

pupak

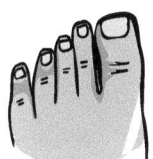

jari kaki

nožni prst

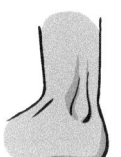

tumit

peta

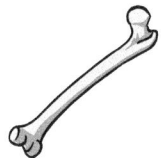

tulang

kost

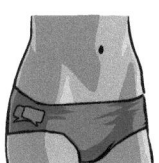

pinggul

kukovi

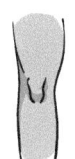

lutut

koleno

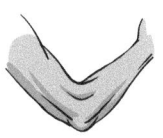

siku

lakat

hidung

nos

bawah

zadnjica

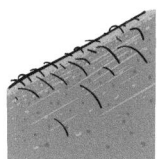

kulit

koža

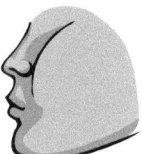

pipi

obraz

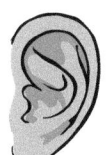

telinga

uvo

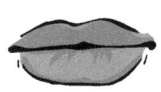

bibir

usna

badan - telo

mulut
usta

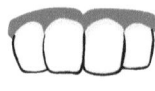

gigi
zub

lidah
jezik

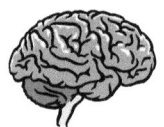

otak
mozak

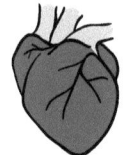

hati
srce

otot
mišić

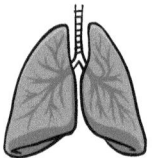

paru-paru
pluća

hati
jetra

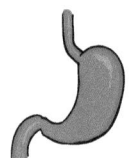

perut
želudac

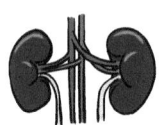

buah pinggang
bubrezi

seks
polni odnos

kondom
kondom

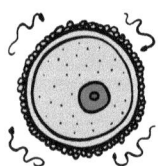

faraj
jajna ćelija

mani
sperma

mengandung
trudnoća

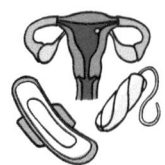

haid
menstruacija

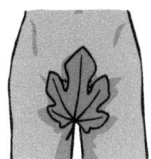

faraj
vagina

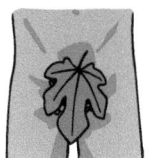

penis
penis

kening
obrva

rambut
kosa

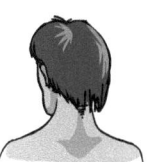

leher
vrat

hospital
bolnica

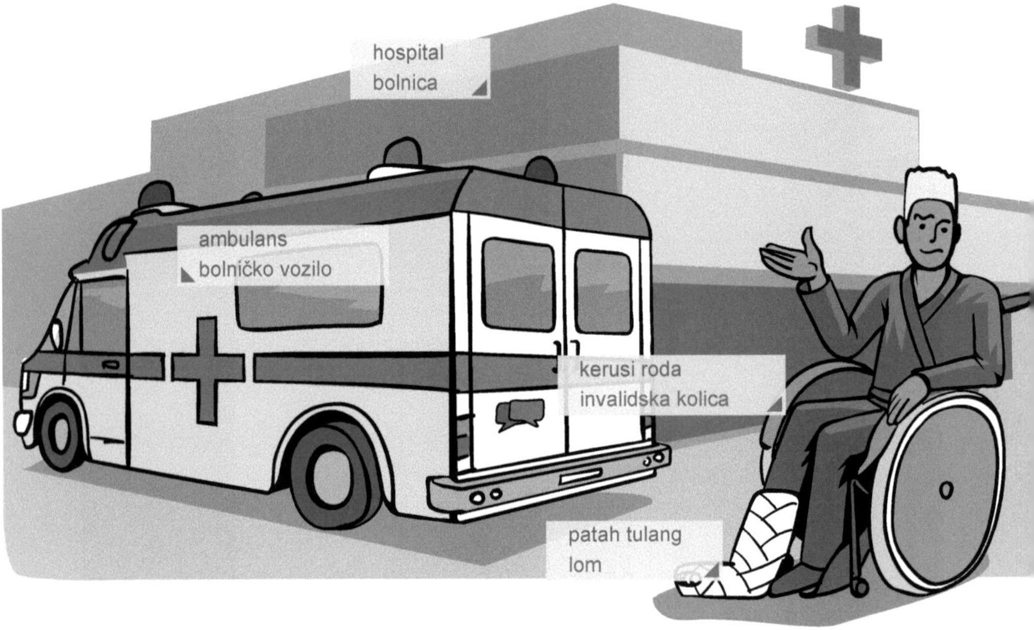

hospital
bolnica
ambulans
bolničko vozilo
kerusi roda
invalidska kolica
patah tulang
lom

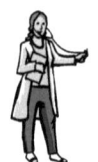

doktor
lekar

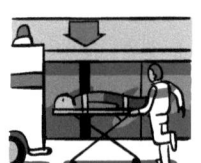

bilik kecemasan
hitna medicinska služba

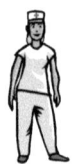

jururawat
medicinska sestra

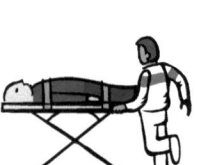

kecemasan
hitni slučaj

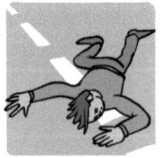

tak sedar
nesvest

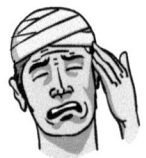

sakit
bol

kecederaan

povreda

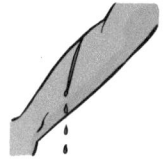

pendarahan

krvarenje

serangan jantung

srčani udar

strok

udar

alergi

alergija

batuk

kašalj

demam

groznica

selesema

gripa

cirit-birit

proliv

sakit kepala

glavobolja

kanser

rak

diabetes

dijabetes

pakar bedah

hirurg

pisau bedah

skalpel

pembedahan

operacija

CT
ct

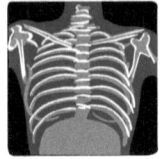

x-ray
rentgen

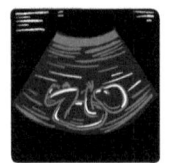

ultrabunyi
ultrazvuk

topeng muka
maska

penyakit
bolest

bilik menunggu
čekaona

penongkat
štaka

plaster
flaster

pembalut
zavoj

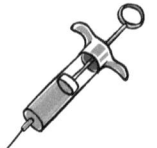

suntikan
injekcija

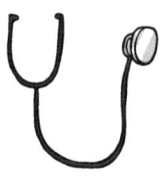

stetoskop
stetoskop

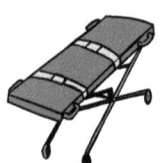

pengusung
nosila

termometer klinik
termometar

kelahiran
rođenje

berat badan berlebihan
prekomerna težina

alat pendengaran

slušni aparat

disinfektan

sredstvo za dezinfekciju

jangkitan

infekcija

virus

virus

HIV / AIDS

HIV / AIDS

perubatan

medicina

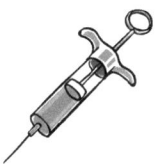

vaksinasi

vakcinacija

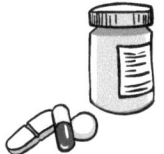

tablet

tablete

pil

pilula

panggilan kecemasan

hitni poziv

pantau tekanan darah

uređaj za merenje pritiska

sakit / sihat

bolesno / zdravo

Tolong!

pomoć!

penggera

alarm

serang

nasrtaj

serangan

napad

bahaya

opasnost

pintu kecemasan

izlaz u slučaju nužde

Api!

požar!

alat pemadam api

protivpožarni aparat

kemalangan

nezgoda

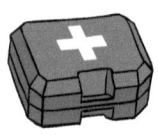

alat pertolongan cemas

kutija prve pomoći

SOS

sos

polis

policija

Eropah
Evropa

Amerika Utara
Severna Amerika

Amerika Selatan
Južna Amerika

Afrika
Afrika

Asia
Azija

Australia
Australija

Atlantic
Atlantik

Pasifik
Pacifik

Lautan Hindi
Indijski okean

Lautan Antartik
Antarktički okean

Lautan Artik
Arktički ocean

Kutub utara
Severni pol

Kutub Selatan

Južni pol

Antartika

Antarktik

bumi

zemlja

tanah

zemlja

laut

more

pulau

otok

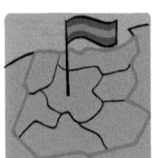

negara

nacija

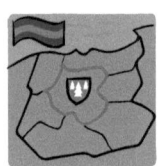

negeri

država

muka jam

brojčanik sata

tangan jam

satna kazaljka

tangan minit

minutna kazaljka

terpakai

sekundna kazaljka

Jam berapa sekarang

Koliko je sati?

hari

dan

masa

vreme

sekarang

sada

jam digital

digitalni sat

minit

minuta

jam

čas

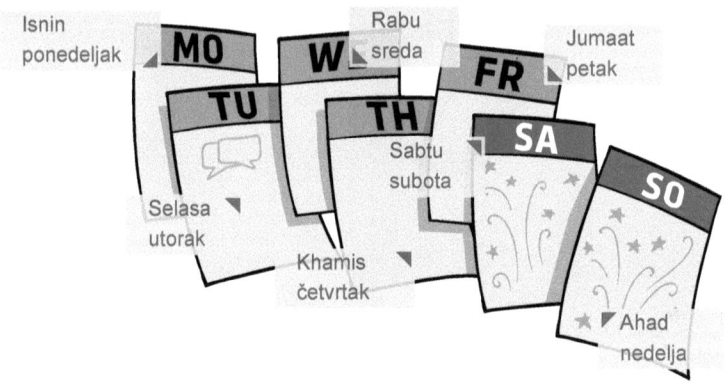

Isnin
ponedeljak

Rabu
sreda

Jumaat
petak

Selasa
utorak

Sabtu
subota

Khamis
četvrtak

Ahad
nedelja

semalam

juče

hari ini

danas

esok

sutra

pagi

jutro

tengah hari

podne

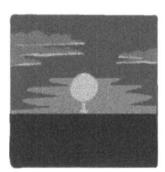

petang

veče

MO	TU	WE	TH	FR	SA	SU
1	2	3	4	5	6	7
8	9	10	11	12	13	14
15	16	17	18	19	20	21
22	23	24	25	26	27	28
29	30	31	1	2	3	4

hari kerja

radni dani

MO	TU	WE	TH	FR	SA	SU
1	2	3	4	5	6	7
8	9	10	11	12	13	14
15	16	17	18	19	20	21
22	23	24	25	26	27	28
29	30	31	1	2	3	4

hari minggu

vikend

tahun
godina

hujan
kiša
pelangi
duga
angin
vetar
salji
sneg
musim bunga
proleće
musim luruh
jesen
musim panas
leto
musim salji
zima

4.APRIL 11°
5.APRIL 4°
6.APRIL 13°
7.APRIL 8°
8.APRIL 10°

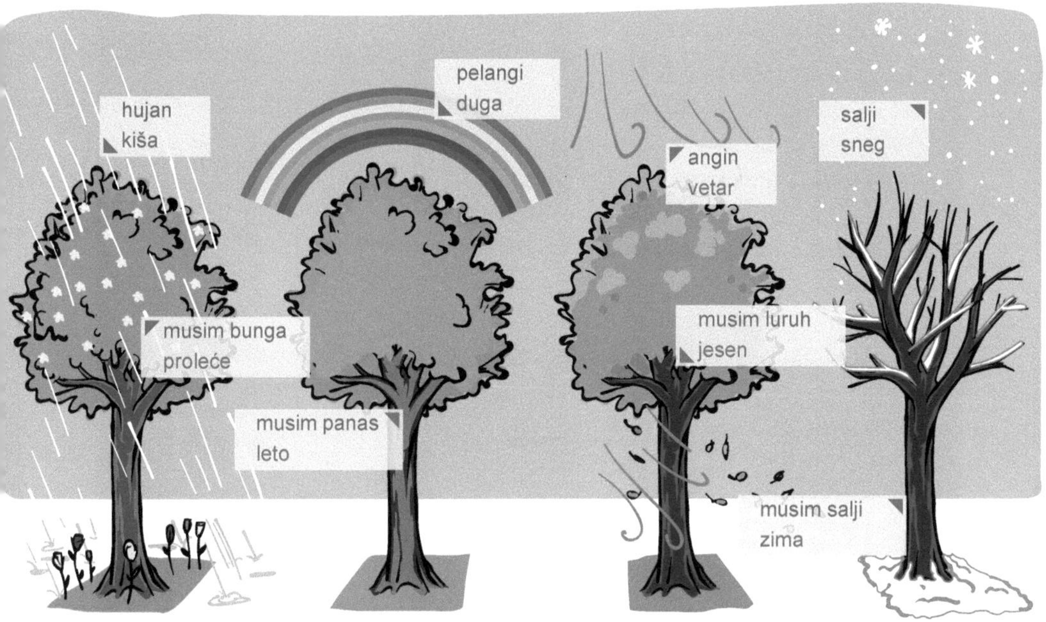

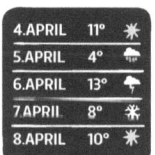

ramalan cuaca
....
meteorološka prognoza

F C
120 40
90 30
60 20
30 10
0 0
-30 -10
-20

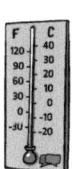

termometer
....
termometar

sinar matahari
....
sunčana svetlost

awan
....
oblak

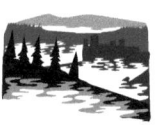

kabus
....
magla

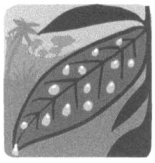

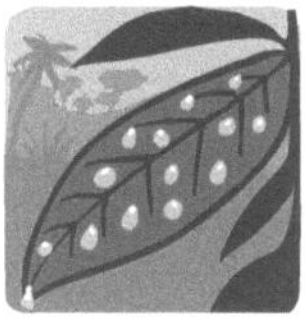

lembapan
....
vlažnost vazduha

kilat

munja

petir

grmljavina

ribut

oluja

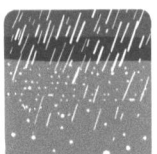

hujan batu

tuča

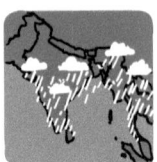

monsun

monsun

banjir

poplava

ais

led

Januari

januar

Februari

februar

Mac

mart

April

april

Mei

maj

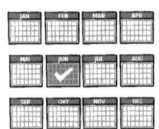

Jun

juni

Julai

juli

Ogos

avgust

tahun - godina

September
....
septembar

Oktober
....
oktobar

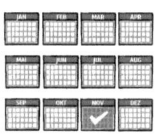

November
....
novembar

Disember
....
decembar

bentuk
oblici

bulatan
....
krug

petak
....
kvadrat

segi empat tepat
....
pravougao

segitiga
....
trougao

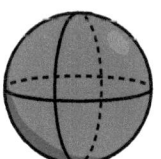

sfera
....
kugla

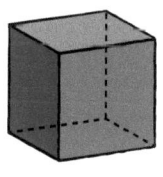

kiub
....
kocka

putih

bela

kuning

žuta

oren

narandžasta

merah jambu

ružičasta

merah

crvena

ungu

ljubičasta

biru

plava

hijau

zelena

coklat

smeđa

kelabu

siva

hitam

crna

banyak / sedikit

mnogo / malo

marah / tenang

ljutito / mirno

cantik / hodoh

lepo / ružno

bermula / tamat

početak / kraj

besar kecil

veliko / maleno

terang / gelap

svetlo / tamno

abang / kakak

brat / sestra

bersih / kotor

čisto / prljavo

lengkap / tidak lengkap

potpuno / nepotpuno

hari / malam

dan / noć

mati / hidup

mrtvo / živo

luas / sempit

široko / usko

boleh dimakan / tidak boleh dimakan

jestivo / nejestivo

jahat / baik

zlo / dobro

teruja / bosan

uzbuđeno / dosadno

gemuk / kurus

debelo / mršavo

pertama / terakhir

na početku / na kraju

kawan / musuh

prijatelj / neprijatelj

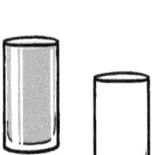

penuh / kosong

puno / prazno

keras / lembut

tvrdo / mekano

berat / ringan

teško / lagano

lapar / dahaga

glad / žeđ

sakit / sihat

bolesno / zdravo

menyalahi undang-undang / undang-undang

ilegalno / legalno

pintar / bodoh

pametno / glupo

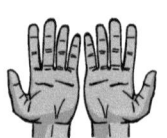

kiri / kanan

levo / desno

dekat / jauh

blizu / daleko

baru / lama

novo / polovno

tiada / sesuatu

ništa / nešto

tua / muda

staro / mlado

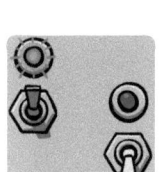

hidup / mati

uključeno / isključeno

terbuka / tertutup

otvoreno / zatvoreno

diam / bising

tiho / glasno

kaya / miskin

bogato / siromašno

betul / salah

tačno / pogrešno

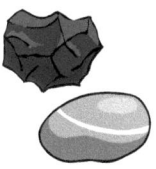

kasar / halus

hrapavo / glatko

sedih / gembira

tužno / sretno

pendek / panjang

kratko / dugo

lambat / laju

polako / brzo

basah / kering

mokro / suho

panas / sejuk

toplo / hladno

berperang / berdamai

rat / mir

brojevi

0

sifar

nula

1

satu

jedan

2

dua

dva

3

tiga

tri

4

empat

četiri

5

lima

pet

6

enam

šest

7

tujuh

sedam

8

lapan

osam

9

sembilan

devet

10

sepuluh

deset

11

sebelas

jedanaest

12

dua belas

dvanaest

13

tiga belas

trinaest

14

empat belas

četrnaest

15

lima belas

petnaest

16

enam belas

šestnaest

17

tujuh belas

sedamnaest

18

lapan belas

osamnaest

19

Sembilan belas

devetnaest

20

dua puluh

dvadeset

100

ratus

stotinu

1.000

ribu

hiljadu

1.000.000

juta

milion

Bahasa Inggeris

engleski

Bahasa Inggeris Amerika

američki engleski

Bahasa Cina Mandarin

mandarinski kineski

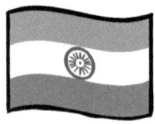

Bahasa Hindi

hindski

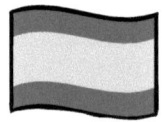

Bahasa Sepanyol

španski

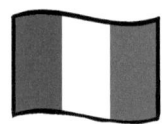

Bahasa Perancis

francuski

Bahasa Arab

arapski

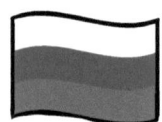

Bahasa Rusia

ruski

Bahasa Portugis

portugalski

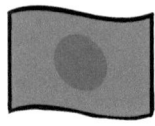

Bahasa Benggali

bengalski

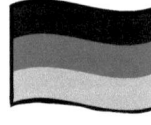

Bahasa Jerman

nemački

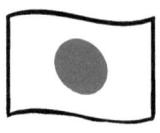

Bahasa Jepun

japanski

saya

ja

anda

ti

dia / dia / ia

on / ona / ono

kita

mi

anda

vi

mereka

oni

siapa?

Ko?

apa?

Šta?

bagaimana?

Kako?

di mana?

Gde?

bila?

Kada?

nama

ime

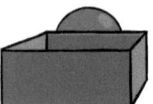

belakang

iza

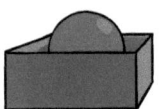

dalam

u

di hadapan

ispred

lebih

preko

pada

na

di bawah

ispod

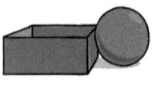

bersebelahan

pored

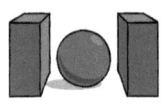

antara

između

tempat

mesto